AF435448

El Conserje de Medicina.

Reflexiones de un paciente muy cercano a los médicos de ayer, hoy y mañana.

Vicente Luis García

© Vicente Luis García
© El Conserje de medicina
ISBN papel: 978-84-686-6108-7
ISBN digital: 978-84-686-6109-4
Impreso en España
Editado por Bubok Publishing S.L

Prólogo.

8/10/2014 – 11:15 a.m. En algún lugar del Norte:

Ring, ring, ring... - ¿quién será? Dígame... - Jorge, muy buenos días, soy Vicente, - cuánto tiempo, que tal...bla, bla, bla..., - oye escucha, te llamaba porque quiero que me escribas el prólogo de un libro, - ¿cómo?, - si por favor, te lo envío, lo lees y me comentas, - bueno pero no te prometo nada, que sí... de acuerdo, a ver si nos vemos y tomamos un café.

El prólogo de un libro, pero quién soy yo para hacerlo y lo que es más importante, por qué me meto en estos líos.

Como por algo hay que empezar, me presentaré, me llamo Jorge Sampedro Orcero, y hace ya casi 25 años comencé mi carrera de Medicina en la UPV, con gran ilusión y ganas de conseguir llegar a ser médico y poder "salvar vidas". En los primeros meses en la Universidad, te centras, o mejor dicho te centran, en el área académica, apuntes, prácticas, exámenes... perdidísimo y angustiado, empiezas a entablar relación con otros seres que habitan en ese entorno que se llama Universidad... Las Secretarias...que te ayudan con el papeleo, los Conserjes que te indican a que aula debes acudir....personal de limpieza... personal auxiliar....

Poco a poco van pasando las semanas, los meses, los años... cambian los profesores, las prácticas, los compañeros y a muchos de nosotros hasta el lugar de clase, pero algo sí permanece invariable: esas Secretarias que te ayudan con los papeles, esos Conserjes que te indican donde acudir, ese personal de limpieza que mantiene las instalaciones... Y al final de 6 años y mucho esfuerzo ya eres médico. ¿Y ahora? La especialidad, y por si fuera poco el Doctorado y vuelven a pasar los años, las tensiones, el cansancio, nuevos docentes, profesores, pero cada vez que por algún motivo debía regresar a la Universidad algo seguía igual, lo cual me daba esa sensación de vuelta a casa y me transmitía una tranquilidad que aun hoy agradezco en esos momentos de locura.

Y después de estos casi 25 años ¿qué? Pues ya ven, soy Doctor, ejerzo de la medicina asistencial y en alguna ocasión colaboro como docente, y lejos de acordarme de esos agobios, prisas, miedos... cada vez que vuelvo a la Universidad, siento esa vuelta a casa, no tanto por el lugar sino por eso que nunca cambia y vengo hablando, ese personal auxiliar de todas las Universidades, que en muchas ocasiones no valoramos como debiéramos hasta que con la perspectiva de los años vemos que hacen mucho más por nosotros de lo que creemos y que en una disciplina docente dan en innumerables ocasiones un punto de vista humano, con sus consejos, ánimos, charlas... de los cuales he tenido que hacer uso en más de una ocasión en mi ejercicio diario. A ellos quiero dedicar estas líneas, y que aquellos que lo lean recuerden a todas aquellas personas que en un segundo plano, no por ello menos importantes, nos ayudaron a la consecución de nuestros objetivos. Es cierto que algunos quedan perdidos en el tiempo, pero con otros muchos la relación perdura, pudiendo llegar a llamarla amistad y hasta te invitan a escribir el prólogo de su libro.

A todos vosotros,

Gracias por estar ahí,

Doctor Jorge Sampedro Orcero.

El Conserje de Medicina. *Reflexiones de un paciente muy cercano a los médicos de ayer, hoy y mañana.*

Hace casi 16 años que trabajo en la Unidad Docente de Medicina de Vitoria, que pertenece a la Facultad de Medicina y Odontología de la Universidad del País Vasco. **Mi trabajo consiste,** básicamente**, en** abrir el centro, preparar las aulas, hacer fotocopias y auxiliar al compañero de la secretaría en lo que necesite; pero, fundamentalmente, **mi trabajo es** atender las necesidades del centro y de las personas que pasan por él. Este pequeño matiz no es baladí ni casual, para mí es importante y se justifica en gran parte por mi forma de ser.

A lo largo de los 16 años he podido compartir muchas horas con estudiantes de medicina, hoy muchos, la mayoría, son médicos en activo. Además de atender sus necesidades materiales de fotocopias, de espacios para el estudio, de velar porque tengan las mejores condiciones de temperatura en las aulas, he tenido la inmensa suerte de compartir con ellos muchos pequeños ratos de conversaciones: escuchando sus quejas y cuitas sobre los profesores, las materias, los trabajos, las prácticas,…, y también de algunos he recibido confesiones sobre sus ilusiones, sus miedos, sus amores y desamores,…

Los trabajos "de cara al público" pueden convertirse en unas atalayas privilegiadas, un observatorio sociológico y un espacio desde el que desarrollar mucho más que "tu trabajo", puedes poner a disposición de los demás "tu persona". Hace años tuve la oportunidad de vivir una experiencia similar detrás de una taquilla de venta de billetes en las estaciones de autobuses de Pamplona y Vitoria-Gasteiz, pero eso es otra historia.

De muchos de estos estudiantes de medicina me he sentido, y me sigo sintiendo, amigo. Con alguno mantengo trato y solemos hablar por teléfono de vez en cuando, a unos cuantos los he tenido de médicos para mí o para alguien de mi familia, con alguno incluso coincido en el patio del colegio de mis hijos, y también alguno que pasó por las aulas como alumno lo hace hoy como docente. En definitiva con todos he procurado tener un trato correcto, afable y amigable, con algunos he llegado a crear un cierto lazo de amistad y algunos pocos los considero dentro del círculo de personas a las que quiero de corazón.

A lo largo de estos 16 años he podido compartir conversaciones de lo más variopintas, pero repasando algunas que han salido de forma recurrente he encontrado un grupo de temas que están muy vinculados a la medicina, a su formación y al ejercicio de la misma.

Y como me gusta escribir he decidido plasmarlas en estas hojas que, por algún motivo, habrán llegado a tus manos.

La estructura de este libró la darán los encabezamientos de cada tema, que si bien pretenden tener un orden lógico tampoco es tan importante, se podrían leer de manera independiente sin más problema.

Empiezo:

Profesión o vocación

La medicina es una de esas actividades humanas profesionales que han estado históricamente muy vinculadas al término "vocación". La palabra vocación viene del verbo latino "vocare", que significa "llamar". El término vocación hace referencia no tanto a lo que uno **hace** sino a lo que uno **es**. Frente a los estudiantes de medicina siempre he defendido al médico de vocación frente al médico de profesión. El médico por vocación es más proclive a atender **personas** en lugar de pacientes; el médico por vocación tiene un horario de trabajo pero sigue siendo **médico las 24 horas** del día; el médico por vocación es más proclive a **escuchar** que a oír; al médico por vocación le importa no solo la persona enferma sino su **entorno familiar**; el médico por vocación contempla de otra manera entre las variantes de una enfermedad el dato de la "**calidad de vida**" del enfermo; el médico por vocación asume el riesgo de **emocionarse y empatizar** con el ser humano que tiene en frente. El médico por vocación ama su trabajo y por eso cada mañana no "ira al trabajo", saldrá a **sentirse vivo** haciendo lo que más le gusta hacer.

Desde el más absoluto y exquisito respeto a cuantos estudian una carrera desde planteamientos puramente profesionales con intereses crematísticos o de posición social, frente a los alumnos con quienes he compartido el debate sobre este tema siempre he defendido y defenderé mi preferencia por los médicos de vocación, y añadiendo la coletilla de que necesitamos buenos profesionales, con vocación de médico.

La importancia de recordarse que uno también está al otro lado de la mesa.

Hay situaciones tan obvias, que por obvias no caemos en la cuenta de que están ahí. No todo el mundo puede tener un título de medicina y acabar con una bata blanca y un fonendo al cuello. Pero si todo el mundo podemos, y acabamos de hecho, estando frente a alguien con una bata blanca y un fonendo, incluidos los que en algún momento de su vida llevan o han llevado bata blanca y fonendo. De Perogrullo, ¡verdad!

Pues a muchos galenos se les olvida qué se siente cuando estas al otro lado de la mesa en el despacho de la consulta. Y aquí se abren algunos temas más concretos:

¿Qué me pasa doctor?

La importancia de poner nombre a un dolor, una simple molestia, o una enfermedad que parece un catarro pero no lo es. Cuando uno es sujeto paciente necesita poner nombre a aquello que le preocupa. Los estudiantes de medicina están en una situación privilegiada especialmente cuando asisten, aunque a veces se sientan como convidados de piedra, a las prácticas en consulta o las visitas médicas en planta. Ellos están libres de la responsabilidad de hacer frente al paciente y a su situación, y a la vez están más cerca todavía del sector de la población que es solo sujeto paciente. Pueden observar, como testigos cualificados, la reacción de médico y paciente. Y como espectadores de esa escena descubrir cómo muda el rostro del paciente de cuando entra expectante con la pregunta "¿qué me pasa doctor?" a cuando sale con una respuesta concreta. Otra cosa es el duelo lógico y normal que el paciente haya de pasar cuando la respuesta del médico anuncia un futuro no deseado.

La clasificación más importante del dolor.

Este apartado tiene como referencia obligada al Dr. Marcos Gómez, un referente en el mundo de los cuidados paliativos y a quien he tenido el honor de conocer y compartir mesa y mantel. Quizá la historia no se ajuste estrictamente a los hechos pero yo suelo contarla así: En un congreso sobre el dolor el Dr. Marcos Gómez cerró las intervenciones y ante la sorpresa de todos los asistentes apuntó que en las exposiciones se había omitido la clasificación más importante del dolor. Esta es: el dolor se divide principalmente en dos tipos: el propio que es insoportable y el ajeno que ¡no será para tanto!

Esta suculenta aportación del Dr. Marcos Gómez la he trasladado en muchas ocasiones a los estudiantes de medicina porque me ha parecido muy expresiva y gráfica a la hora de plantear la relación médico-paciente.

Y es que banalizar el dolor ajeno es un error en el que caemos con facilidad. Los adultos respecto a los niños o los profesionales de la salud frente al enfermo. Cuántos no hemos dicho a un niño "¡anda, que no ha sido nada!". Nada para ti que no te has caído de bruces en el asfalto mientras patinabas, o que no te has pillado el dedo con la puerta. El dolor es dolor en cualquier caso y el umbral del dolor es una cuestión muy personal y que hemos de respetar a niños y adultos y a ancianos. Esta clasificación del dolor no viene en los apuntes de la carrera, pero quizá alguien tendría que incluirlo.

¡Cuidado con los "padres"! y especialmente con los primíparos.

El día que el Dr. Gorostiaga me invitó a compartir con los alumnos mi experiencia como padre en los partos de mis cuatro hijos fui consciente de que mi experiencia podía ser interesante para estudiantes de medicina. He vivido junto a mi mujer los alumbramientos de mis cuatro hijos y cada uno tiene su particularidad. Voy a intentar recordar los detalles más significativos.

El primero, el de mi hija mayor estaba marcado por la novedad, lo desconocido (sensación que creo volví a sentir en los tres siguientes), pero es que además era realmente el primero. Contar con la asistencia de la Dra. Ruth, a quien vi acabar brillantemente su carrera en mis primeros años como conserje de la facultad, era una tranquilidad para mí, pero ver a tu mujer sufrir los dolores de parto uffff es muy duro en cualquier caso por muy acompañado que te sientas. Yo me situé a su cabecera, acariciando su frente, acompasando sus soplidos, manteniendo el tipo pero acojonado por dentro, mirando de reojo la salida de la criatura, empujando con todas mis fuerzas como si lo que yo apretase sumase fuerzas,… Y de pronto asoma la cabecita, un empujón más y… emoción, casi lágrimas, palabras de cariño y de ánimo, "bueno ya está, ya ha pasado lo más difícil" (ja-ja-ja, mira que somos ingenuos). Bueno y creyendo cumplida tu misión con tu esposa fijas tus ojos en la matrona que coge a tu hija y cual calabacín la pone bajo el grifo (y piensas: ¡que es mi niña

¡) y cuando le mete las gomas por los orificios nasales (piensas casi en voz alta ¡ pero que hace esa bruja con mi niña! A que la agarro del cuello!!!

Alguien se percata de lo que dice tu cara y te explica que es para limpiarle las vías respiratorias y aunque te siguen pareciendo unas brujas lo aceptas de aquella manera. Pero la anécdota más ilustrativa de mi paso por la condición de primíparo tuvo lugar unas horas más tarde. Ya tranquilos los tres en la habitación me percaté de que mi niña ¡tenía hipo! La escena discurrió así:

Yo:.- ¡Rosa, la niña tiene hipo!

Mi mujer.- Sí, ya la oigo.

Yo.- Rosa, que la niña tiene hipo.

Mi mujer.- Ya ¿y?

Yo.- que habrá que llamar a la enfermera

Mi mujer.- No digas bobadas.

Yo.- Pero ¿tú sabes si es normal?

Mi mujer. Imagino que sí.

Yo.- ¿pero lo sabes fijo? Yo la llamo

Mi mujer (mientras ya estoy apretando el timbre) ¡No serás capaz!

Aparece la enfermera

Enfermera.- Hola ¡qué pasa?

Yo.- Que mi niña tiene hipo.

(La enfermera mira a mi mujer que pone cara de "yo no le conozco") y me dice.

Enfermera.- Estese tranquilo, es normal. Mire, hay un dicho popular que dice que el hipo en los niños para vivir y en los ancianos para morir.

Yo.- Gracias

A partir de ese momento he disfrutado cada vez que "el señor hipin" se hacía presente en la vida de mis hijos.

En el tercero de los partos el recuerdo imborrable podría titularse "¡Vale, lo que tu digas!

Mi mujer llegó a un punto en el que pidió que la pasaran a paritorio porque estaba convencida de que la criatura anunciaba su salida. El argumento de peso para negarle su petición era que "aún no estás suficientemente dilatada". Y ahí empezó un toma y daca que yo observaba expectante: Que si - *empuja,* que si- *no, que sale;* que si- *que todavía falta mucho;* que *– si empujo sale;* ...

Al final mi mujer rendida, empujó.

Y menos mal que andaba yo casi de cancerbero (no llegó a tanto), entre otras cosas porque la cara que debí poner al ver salir la cabeza de la criatura debió ser de foto. Pero no era momento de inmortalizar el hecho sino de actuar y sacar a la criatura, allí mismo, en la sala de dilatación.

Pasados los años, y aunque todo lo "malo" se olvida, yo me pregunto: ¿no hubiera sido más sencillo pensar que la que paría algo sabía de su situación?

A mis queridos y queridas estudiantes les digo: Cuando estéis en partos preguntad a la parturienta las veces que ha pasado por ahí, cómo fueron sus experiencias anteriores y no desechéis su opinión, antes bien tenedla muy en cuenta, porque, si no es la primera vez, algo sabrá del tema. ¡Digo yo!

La estancia en el hospital los primeros días tras el alumbramiento son muy importantes y la labor que se puede hacer, sobre todo con los que son padres por primera vez es muy importante. Un detalle muy simple: Durante los días de hospital yo aprendí a bañar al bebé y a tratarle el resto del cordón umbilical para que se desprenda de natural. Recuerdo con cariño a quienes me enseñaron a hacerlo. Cuando llegamos a casa con nuestra hija mi mujer aprendió de mí los baños.

Reconozco que a la hora de atender a hijos, los padres somos a veces un estorbo, lo recuerdo cuando de joven fui monitor de campamentos, y lo reconozco a veces en comportamientos que ves o te cuentan en la vida escolar, en la extraescolar y en la medicina también.

¡Peeeeero! Una cosa no quita la otra. También hay que reconocer a algunos padres su particular "master en pediatría" en lo que respecta a su hijo en particular. Un médico no ha de desestimar la opinión de unos padres en lo que se refiere a las molestias y dolencias de sus hijos, el periodo de observación que le dedican, y especialmente las madres, es superior a cualquier monitorización, por muy avanzada que esta sea. Y por otro lado los miedos de los padres, especialmente de los "padres primíparos" han de respetarse y acompañarse con mano izquierda.

Las visitas al pediatra y a los servicios de urgencia, además de las circunstancias concretas que lo exigen también suelen darse de manera inversamente proporcional al número de hijos que uno tiene. Es decir: de nuestra hija mayor conservamos un dossier de partes de urgencia, del segundo hay unos cuantos pero muchos menos que de los de su hermana mayor, de la tercera de no haber sido por que se rompió el brazo tres veces seguidas su historial clínico sería muy pequeño y de la cuarta, como suelo decir, al poco de nacer le enseñamos el 112.

En cualquier caso, y lo que les digo a los estudiantes de medicina es que a la hora de atender a un niño el factor padre/madre es importante. ¡Ojo! Y el factor hermanos también si están presentes en la consulta.

¡Urgencias! Una disciplina que merece capítulo aparte.

Comparto con muchos profesionales de medicina la opinión de que "urgencias" tendría que ser una disciplina con entidad propia, porque creo que tiene características muy particulares tanto en su dimensión docente como en su dimensión asistencial y su apartado relación médico-paciente.

Lo más complicado siempre me ha parecido acertar en la convivencia prioridades asistenciales desde el punto de vista médico con prioridades particulares de cada paciente que acude a "urgencias".

Todos tenemos asumido que cuando uno acude a "urgencias" sabe la hora a la que llega, pero se desconoce la de salida.

También es común ver como "te adelantan por la derecha" algunos que "han llegado más tarde que tú", y salvo que los veas entrar en camilla envueltos en papel de aluminio, lo que piensas es "no creo que sea más grave que lo mío".

Ciertamente lo primero que habría que ir trabajando sería una educación en la población para el uso correcto de los servicios de urgencias. Por lo general el personal que trabaja habitualmente en los servicios de urgencias adquiere un sexto sentido para abordar al paciente también desde su vertiente psicológica. Pero también algunas cagadas (con perdón) se cometen.

Mi mujer recuerda el día que fue con unos fuertes dolores en las lumbares, embarazadísima ya, y en urgencias la despacharon con un "¿tienes paracetamol en casa? Pues vete a casa y tomate uno". Sin comentarios, porque si los hago serían para ponerles (+18).

La zona de pediatría en urgencias tiene también su cosa. En más de una ocasión uno descubre solo su precipitación o el error de acudir a urgencias con tu hijo. Bien porque te encuentras con casos "más urgentes", bien porque descubras el riesgo de llevar a tu hijo con un esguince y lo saques con el "virus de moda" o "de temporada".

Y con todos estos factores tiene que lidiar el personal sanitario de un servicio que además de urgente es muy necesario y que tendría que ser una especialidad reconocida sin duda alguna.

Y de los niños a los que "son como niños"

Geriatría es una asignatura que se ve en sexto de carrera y por la que pasan profesores de diversas disciplinas ya que al anciano le pasa "de todo". Cierto que hay fases y modos de llegar a viejo, pero una característica que se repite y que todos tenemos definida es la de "hacerse como niños". El comportamiento de algunos ancianos recuerda mucho a esa primera etapa de absoluta dependencia de los bebés y también las rabietas y enfados de los primeros años de la infancia. Pero no son niños, son adultos, hombres y mujeres con muchos años a sus espaldas. Y a veces, sin malicia y desde el mejor de los deseos los tratamos equivocadamente "como niños". Este capítulo sería importante para trabajadores de la sanidad y de los servicios sociales y residencias de ancianos.

Acercarte a la persona con un "¿Cómo estas Luisito?" cuando hasta hace cuatro días todo el mundo le llamaba D. Luis es un grave error. Hace años que ella dejó de ser Anita, es, y ha de morirse siendo, Dña. Ana. Y el cariño no está en el uso de un diminutivo, el cariño está en el tono de voz, en la caricia amable y en el respeto a su dignidad de persona adulta, aun cuando sus comportamientos sean como los de un niño. Hace un tiempo se hizo una campaña institucional con este tema, pero… las campañas pasan y es bueno repetir algunas buenas ideas, y sobre todo educarlas.

Las unidades de neonatos, las áreas de psiquiatría y los geriátricos son tres mundos que impresionan mucho a los alumnos de medicina, más incluso que las salas de autopsias.

Siempre es bueno un toque de humor.

Y hablando de autopsias este puede ser un escenario muy apropiado para el humor negro. En alguna ocasión los alumnos me han trasladado entre sorprendidos y cómplices algunos detalles de ese humor macabro pero, y así se lo he comentado a ellos, creo que necesario en el ejercicio de algunas tareas de la medicina. Quienes trabajan en las autopsias te reconocen que no es lo mismo practicar una autopsia a un anciano, que a un joven o a un bebé. En algunos casos se precisa un apoyo entre compañeros para superar la impresión que el cuerpo que tienes delante pueda generarte. Y otras el apoyo del compañero para desdramatizar el tema si la ocasión lo permite. En las autopsias de cadáveres, sin faltar al respeto de la memoria del difunto, yo entiendo lógico sacar la vena humorística ante algunas circunstancias. Al fin y al cabo el paciente no se va a quejar. Por otro lado, una vez muerto lo que queda es materia orgánica que muchas veces puede seguir dando vida, no lo olvidemos. El trasplante de órganos y el estudio de órganos infectados para encontrar curas para futuros pacientes es uno de los destinos más dignos que podemos dar a la envoltura de nuestra persona. Y si a quienes les toca manipularlo en algún momento les da juego para echar una risa ¡pues mira tú qué bien! Es lo que ya algunos han calificado como humor terapéutico para los médicos.

Convivir con la vida y con la muerte

No pertenecemos a una cultura que nos enseñe a convivir con la muerte y quienes la tienen más cerca en el día a día como son los trabajadores del mundo de la sanidad "aprenden" por lo general a golpe de encuentros con "ella". Algunos opinan que lo lógico es "inmunizarte", crearte un caparazón, tomar distancia,… yo apuesto más por otras fórmulas: sentirte arropado en tu entorno, tener la conciencia tranquila, verbalizar los sentimientos, y estar abierto a aprender algo de los que mueren. También es cierto que es más fácil decirlo que hacerlo. Las unidades de cuidados paliativos y las de oncología son quizá las mejores para acercar a los alumnos una realidad a la que tarde o temprano todos nos tenemos que enfrentar. Alguien afirmó con certeza que de entre las pocas cosas seguras que tenemos en esta vida es que no salimos vivos de ella. Ahora bien, me gusta más la frase de "que la muerte me encuentre muy vivo".

Si vas a por un cinco espero no verte en la consulta

La mediocridad es despreciada desde los pasajes de la Biblia, "puesto que eres tibio, ni frio ni caliente, te vomitaré de mi boca" Apocalipsis 3:16. Cierto que cuando uno es estudiante un simple aprobado en algunas asignaturas resulta todo un triunfo, pero no es lo mismo, y con el tiempo se ve más claro esta diferencia, "sacar un cinco" que "ir a por un cinco". La actitud es lo que cuenta, y mucho. Quien saca un cinco tras haberse esforzado las causas de ese aprobadillo pueden ser muchas, pero nunca la de "no haber intentado sacer la mejor nota"; por el contrario quien va a por un cinco dice mucho de sí y de su actitud, no solo frente a la asignatura concreta, sino quizá frente a la vida misma.

Por eso me ha molestado siempre el comentario de aquellos alumnos que tras el examen o antes del examen te reconocen sin rubor que su meta estaba en el cinco. Con cierta sorna les he solido decir lo de "si vas a por un cinco espero no verte en la consulta". Cuando acudo a un profesional y más cuando voy a poner mi vida en sus manos no quiero que sea un mediocre, quiero que sea el mejor, o al menos que lo haya intentado. Eso me garantizará en cierta medida que enfrentará su trabajo intentando hacer siempre lo mejor. Y eso da paz para las dos partes.

Turismo médico o medicina turística

A lo largo de los años he visto aumentar el número de alumnos que apuestan por añadir a su formación académica el conocer "otros mundos". Además de los programas ERASMUS y SENECA, bastantes estudiantes se buscan la vida en verano para tener prácticas relacionadas con la medicina asistencial, fundamentalmente en países de África y Latinoamérica y de la mano de organizaciones religiosas y no gubernamentales de ayuda al desarrollo. No niego que algunos casos, muy, muy pocos, prima más los fines turísticos que los formativos. En el caso de intercambios universitarios ya recuerdo alguna mejicana que se pasó más de la mitad de su estancia de intercambio recorriendo Europa, ciertamente fue un tiempo muy aprovechado, para ella, pero… tampoco me apetecería encontrármela en la consulta.

La carga de formación humana y médica que suman estos jóvenes con estas experiencias sin duda es un plus que redundará sin duda en su ser como médicos.

Yo disfruto con sus relatos de viajes, con sus experiencias con las comunidades indígenas del otro lado del charco, con esos ojos en los que ves cómo reviven la mirada de los niños o las atenciones de los ancianos que han conocido en esos quince, veinte o treinta días de turismo médico o de medicina turística. Siempre les animo a que viajen y multipliquen sus experiencias de ese tipo.

Riqueza multicultural.

Si valoro el bagaje cultural que traen los alumnos cuando viajan a otros países, no es menor el valor que tiene el paso de estudiantes originarios de otros países y de otras culturas. He conocido alumnos procedentes de Rusia, de Grecia, de Cuba, de México, de Nigeria y de Marruecos. Resulta curioso tener como hecho cotidiano ver pasar por delante de la ventana de conserjería a grupos hablando en castellano, en latino, en euskera o en árabe. Y por supuesto es una oportunidad que procuro no perder para conocer de primera mano usos y costumbres de otros países y otras culturas, para hablar de gastronomía, de política y de religión. La asignatura de la convivencia se imparte cada día en todos los pasillos de todas las universidades, y nadie debería hacer novillos por el simple hecho de que no conste en el diseño curricular.

No todo acaba en el MIR

La medicina, al igual que otras carreras, exige una formación continuada que va más allá de los años de universidad. Y en el caso de la medicina el examen MIR es el exponente más claro de que quien elige la medicina es para dedicarse a estudiar toda su vida. Lo del MIR provoca también que el contacto con los estudiantes se prolongue en algunos casos más allá de su licenciatura. Algunos usan la facultad para seguir encontrando entre sus paredes el mejor espacio para seguir estudiando. Y eso también sigue dando juego para tomar un café de máquina y charlar un rato de lo divino y de lo humano. Pero las conversaciones con un estudiante de MIR tienen otro tono, suelen derivarse a otros temas, la carrera quedó atrás y el ejercicio real de la medicina se ve más cerca e inmediato. Durante ese tiempo resurgen a veces las cuestiones deontológicas y de bioética, aunque "lo importante de momento es sacar el MIR".

Los profesores que también son médicos y los médicos que también enseñan.

Por la conserjería no solo pasan los estudiantes, también los profesores, y si bien el trato con ellos es más breve, en lo poco y en lo mucho también he tenido la suerte de compartir conversaciones en un tono de tú a tú muy interesantes. Una particularidad del profesorado de medicina es que muchos de ellos ejercen la medicina asistencial, es decir: pasan consulta, operan, viven la medicina en toda su dimensión. Este dato es importante porque, independientemente de lo que cobren, o no cobren (que de esos hablaré luego), son personas que trasladan a los alumnos sus conocimientos técnicos y su experiencia personal. Saben de primera mano lo que es enfrentarse en el día a día a los virus y bacterias, al dolor y al sufrimiento, a la vida y a la muerte.

Ese aspecto más personal y humano del médico-profesor deberían saber aprovecharlo los alumnos. Y a veces los alumnos miran a los profesores como si "mordiesen", y yo les digo, "que no muerden, ni aunque se apelliden lobo".

Y luego están los médicos que se prestan por vocación y con el ánimo de incrementar su curriculum personal que es muy lícito y loable, a impartir algunas clases o prácticas hospitalarias.

Y muchas de estas labores se hacen "además de su horario laboral". Piense por ejemplo en un mecánico que tras sus ocho horas de taller fuese a dar clases de cómo desmontar un motor a una escuela de formación profesional, en algunos casos cobrando un dinero y en otras a cambio de un papel que diga que ha pasado tantas horas enseñando en esa escuela. Y en algunos casos ¿saben por qué lo hace? Pues porque quiere que el vehículo de sus hijos acabe en un taller con profesionales bien formados y no quiere desaprovechar la oportunidad de aportar su grano de arena a ese futuro. También le interesa el dinero o el reconocimiento escrito en un papel, pues claro que sí ¡faltaría más!

Nuevos profesores y viejos alumnos.

Uno de los indicativos de que el tiempo pasa inexorablemente es el ver cómo antiguos alumnos se incorporan de nuevo a las aulas pero ahora como profesores. ¡Si hace cuatro días se quejaban del frío en el aula para coger apuntes! Pues ahora son doctoras e imparten asignaturas a sus futuros colegas. Con ellas, porque sobre todo son mujeres, hablo de cómo se ven las cosas desde el otro lado, y un ejercicio muy sano es recordar cuando uno estaba sentado en el pupitre, le vuelve más humano frente a los alumnos. A veces recordamos "viejos tiempos" que tampoco son tan viejos.

Cuidar a los estudiantes es una pura inversión egoísta.

Sin negar que tratar bien y "mimar" un poco a los estudiantes me sale "de natural", también les reconozco, medio en broma medio en serio, que lo hago por puro egoísmo, que es una inversión a futuro, porque, no sé si mañana otro día me pueda encontrar en las manos de cualquiera de ellos y, siempre será preferible que tengan un buen recuerdo de uno a la hora de hacerte una analítica o un tacto rectal, que a todo se puede llegar.

Aunque lo que digo para los estudiantes de medicina podría valer para los estudiantes de otras carreras: quien no quiere asegurarse, si precisa en un futuro, de un abogado o un juez justo; de un arquitecto perfeccionista; de un periodista veraz; de un buen maestro para sus hijos o nietos; de un buen médico.

De medicina solo saben los médicos, pero de salud todos tenemos una palabra que decir.

Evidentemente después de seis años de carrera, uno para el examen MIR y cuatro o cinco años más de residencia, como mínimo es fácil entender que resulte difícil aceptar que un lego en la materia venga "a darte lecciones". Pero, en muchas ocasiones, cuando un paciente o el familiar de un paciente, se dirige al médico aportando su visión del problema y los pasos para su posible solución, no están pretendiendo hablar de medicina, sino de salud. Por lo tanto los médicos tendrían que hacer un pequeño ejercicio de traducción respetuosa y cariñosa. Algo así como:

-   Doctora, creo que necesito un análisis de sangre.

(la doctora piensa, y con razón: "bueno, eso lo tendré que valorar yo")

Lo que el paciente ha querido decir seguramente: *"doctora, estoy preocupado por estas molestias. Siempre he oído que en los análisis de sangre aparecen los datos que identifican algunas enfermedades. Y me quedaría más tranquilo si usted pide esos datos."*

¿El paciente actúa con criterios médicos? No, porque no los tiene. El paciente se guía por miedos y sensaciones que le den seguridad frente al dolor y la enfermedad.

En cualquier caso no deberían tomarse a mal nunca las respetuosas objeciones o indicaciones que los pacientes podamos en algún momento trasladar a los médicos.

Por otro lado recordemos que "nuestras abuelas" no sabían de medicina, pero sí, y mucho de remedios para la salud. ¡Cuántas vidas habrán salvado un buen consejo o un buen caldo!

"Después de los 40 sino te duele nada es que estás muerto"

JEJE!!!. ¡Pues ni pñtra gracia! Los dolores, las molestias y enfermedades no surgen por el mero hecho de cumplir años. Por esa misma razón antes de los 40 no tendría que dolernos nada. Otra cosa es que con el paso de los años el cuerpo sufra un deterioro que facilite la aparición y agravamiento de algunas dolencias y enfermedades, pero estas tienen nombre científico y tratamiento. Cumplir años solo "se cura" con la muerte.

"¿Tiene usted en casa pirulamicina o jarabetamol? Pues tómeselo y ya está"

Uffff. ¡Cuidadín, cuidadín!. Ya sabemos que todos, o muchos, tenemos una botica en casa que si se declarase podríamos flipar a colores. Pero, si desde las autoridades sanitarias se intenta concienciar a la población de "no automedicarse" y de no banalizar el tema de los medicamentos, estas "recetas" orales, que a veces se prescriben fuera de consulta, quizá no sean el mejor apoyo a las campañas sanitarias. Una correcta higiene en la sanidad afecta también a una cultura sanitaria en la población, y ahí el médico, en el tú a tú con el paciente puede ser un importante eslabón.

¡Y por qué no compartir todo esto!

Si he escrito estas páginas es porque estoy convencido de que todos podemos aprender algo de los demás, pero sobre todo todos podemos aprender algo de "lo que más sabemos", e incluso de lo que enseñamos o de lo que somos "profesionales". Así siempre un padre puede aprender de un hijo, un maestro de un alumno, y un médico de un paciente. Los padres podemos sacar lecciones de nuestros hijos para su educación, los profesores de sus alumnos para bien enseñar, y los médicos de sus pacientes para bien vivir y también incluso para bien morir.

Y para terminar recurro nuevamente a la figura del Dr. Marcos Gómez quien en uno de sus discursos dijo: "Los médicos no deberíamos olvidar que cada vez que curamos a un paciente lo hacemos de manera provisional, porque siempre hay una última enfermedad." Pero mientras tanto los médicos están para acompañarnos a vivir lo mejor posible, y esto creo que es importante quede muy claro desde la formación en los estudiantes de medicina. Y para recordárselo puede servir cualquiera, hasta el conserje de medicina.